Prinzessin, Hexe, Punk & Clown

Prinzessin, Hexe, Punk & Clown

von SNAZAROO

BUCH UND ZEIT
BZ

Redaktion: Jacqui Bailey
Kostüme: Deri Robins
Masken: Lauren Cornell,
Lyn Muscroft, Carol Richards,
Kirsten Stewart
Design: Pinpoint Design Co.
Fotografie: Roger Crump

© 1991 by Kingfisher Books, Grisewood & Dempsey Ltd,
London
All rights reserved
Titel der Originalausgabe: *Five minute faces*

Für die deutsche Ausgabe:
© 1994 Genehmigte Sonderausgabe für die Buch + Zeit
Verlagsgesellschaft
Alle Rechte vorbehalten
Kein Teil des Buches darf in irgendeiner Form durch
Photokopie, Mikrofilm oder ein anderes Verfahren ohne
schriftliche Genehmigung des Verlages reproduziert
oder unter Verwendung elektronischer Systeme
vervielfältigt oder verbreitet werden.
Aus dem Englischen übersetzt von Ursula Rahn-Huber
Umschlaggestaltung: Ruth Esser

Printed in Italy
ISBN 3-8166-0178-2

Inhalt

Einleitung	9
Materialien	10
Praktische Tips	12
So wird's gemacht	13
Vom Hobby zum Beruf	14
Clown	16
Pierrot	17
Maskerade	18
Schneekönigin	19
Indianer	20
Blumenmädchen	20
Bobby außer Rand und Band	23
Hofnarr	23
Pirat	24
Strandmädchen	25
Löwe und Tiger	26
Katzen	28
Schoßhündchen	29
Marienkäfer	30
Hase	31
Maus	32
Wilde Hummel	33
Schmetterling	34
Herzen und Regenbogen	35
Schlafmütze	36
Prinzessin Tausendschön	37
Happy Birthday	38
Punk	39
Totenkopf und Monster	41
Dracula und Teufel	42
Pfui Spinne!	43
Hexe	45

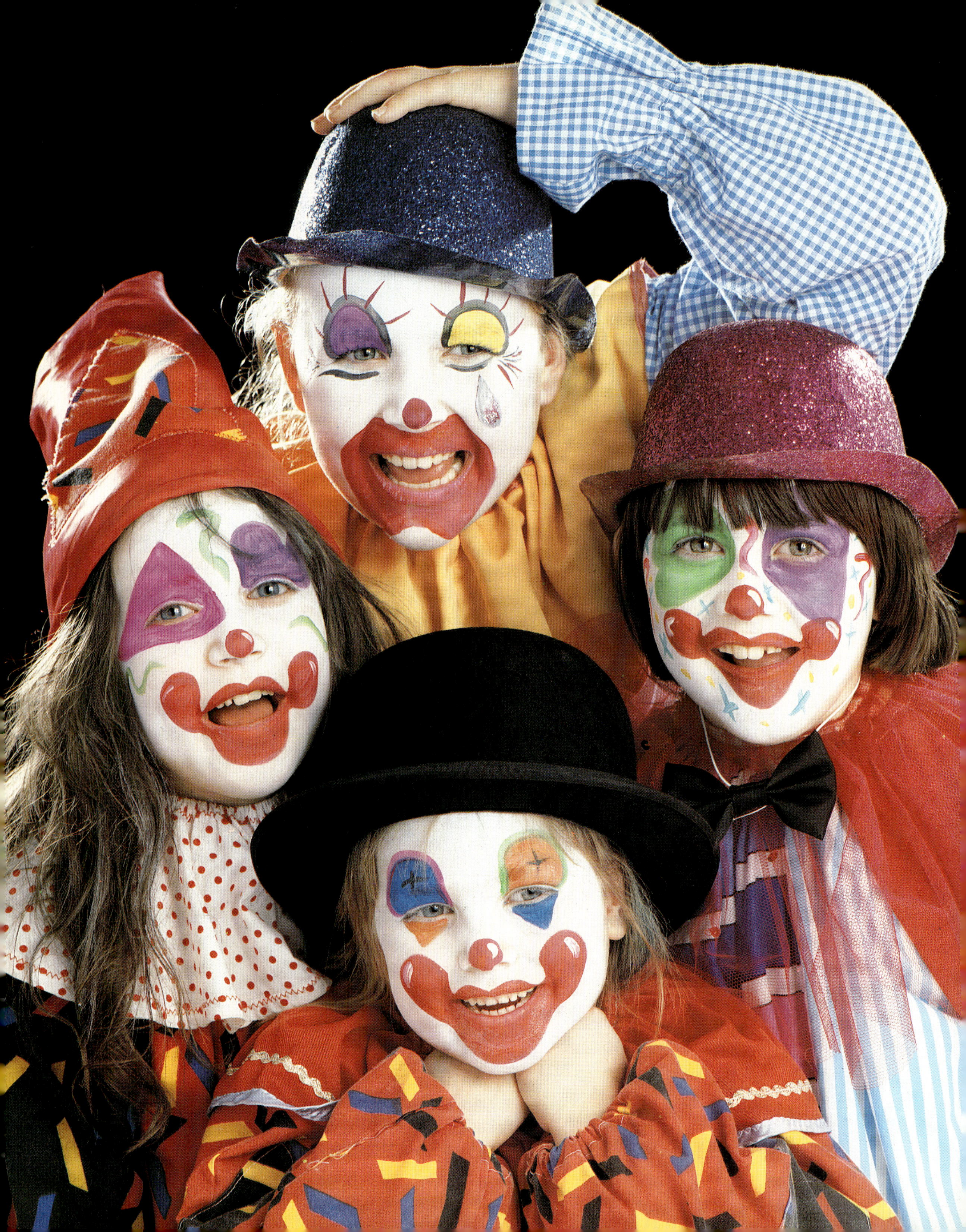

EINLEITUNG

Die Kunst des Schminkens hat eine jahrhundertelange Tradition. Unsere Vorfahren bemalten sich zur Abschreckung ihrer Feinde, zur Besänftigung der Götter, zur Unterhaltung ihres Publikums oder einfach so zum Spaß. Heute sind Maskenmaler die Attraktion auf Kinderparties und Wohltätigkeitsveranstaltungen, im Zirkus und beim Karneval.

Mit modernen Materialien – besonders mit den neuen wasserlöslichen Schminkfarben – ist das Schminken auch für den Laien ein Kinderspiel. Die hier vorgestellten Masken sind für jedermann leicht nachzumachen und sollen als Anregung für die Verwirklichung eigener Ideen dienen.

Übung macht den Meister
Im vorliegenden Band zeigen wir eine Auswahl der beliebtesten Masken. Die Schminktechnik wird jeweils Schritt für Schritt erklärt und das Ergebnis in Großaufnahme präsentiert. Mit ein bißchen Übung brauchen Sie für kein Gesicht länger als fünf Minuten!

Sie werden überrascht sein, wie einfach sich die wasserlöslichen Farben auftragen lassen und welch aufregende Effekte Sie damit erzielen können. Die einfacheren Masken sind schon in ein paar Minuten fertig. Sie werden sehen: Mit zunehmender Übung werden Sie immer geschickter und das Ergebnis immer professioneller.

Kostüme und Accessoires
Was nützt die tollste Kriegsbemalung ohne ein passendes Kostüm und die richtigen Accessoires? So finden Sie neben den eigentlichen Schminkanleitungen jeweils auch Basteltips für diverse Hüte, ein glitzerndes Diadem, eine Löwenmähne und allerhand anderes Zubehör. Diese selbstgemachten Verkleidungen sind wesentlich origineller – und auch billiger – als Kostüme von der Stange. Und außerdem: Basteln macht Spaß!

Es empfiehlt sich, einen kleinen "Kostümfundus" anzulegen: Halten Sie Ausschau nach Filzhüten, Federboas, Netzgardinen, Kleidern aus glitzernden oder glänzenden Stoffen, Fellresten und Spitzenbesätzen. Vieles davon wird irgendwo im Haus zu finden sein. Partyhüte, falsche Ohren und Nasen, Schnurrbärte und Brillen, Glitzerperücken, Federn und Masken gibt's – besonders zur Karnevalszeit – in einschlägigen Geschäften und gutsortierten Warenhäusern.

Wir hoffen, daß Ihnen unsere Anleitungen gefallen und daß Sie und Ihre Kinder beim Nachmachen ebensoviel Spaß haben, wie wir beim Zusammenstellen dieses Buches.

MATERIALIEN

Keine Angst: Unmengen teurer Utensilien brauchen Sie nicht zu kaufen! Ihr Schminkkasten sollte jedoch unbedingt folgendes Zubehör enthalten:

Wasserlösliche Schminke

Alle hier gezeigten Masken wurden mit wasserlöslichen Schminkfarben gemalt. Diese gibt es einzeln im Töpfchen oder im Kasten. Ein einfacher Kasten enthält 12 Farben – das genügt für den Anfang. Für eifrigere Maskenmaler kommen die einzelnen Töpfchen jedoch auf die Dauer billiger. Auch ein paar Leuchtfarben sind erhältlich.

Wasserlösliche Schminke läßt sich schnell und einfach auftragen. Sie trocknet schnell und verschmiert nicht. Die Farben lassen sich wie gewöhnliche Wasserfarben mischen und mit Wasser und Seife einfach abwaschen, auch von der Kleidung – eine äußerst elternfreundliche Sache also!

Früher gab es wasserlösliche Schminke ausschließlich im Theaterspezialhandel. Seit kurzer Zeit ist sie auch in Fachgeschäften und gutsortierten Warenhäusern erhältlich. Auf jeden Fall können Sie sie bei der nebenstehenden Anschrift bestellen.

Es empfiehlt sich, Ihre Farben und sonstiges Zubehör in einem handlichen Behälter aufzubewahren – ein kleiner Werkzeugkasten aus Kunststoff ist hierfür ideal geeignet.

Theaterschminke und Schminkstifte

Diese sind generell nicht zu empfehlen. Die in Spielwarengeschäften und Schreibwarenläden angebotenen fetthaltigen Schminkstifte sind problematisch in der Anwendung. Feine Linien und komplizierte Motive lassen sich damit überhaupt nicht malen.

Theaterschminke ist auf Ölgrundlage hergestellt und ist ausgesprochen schwierig zu entfernen. Mit dieser Schminke gemalte Masken wirken wesentlich schwerer und verschmieren leicht. Zudem lassen sich die Farben nicht richtig mischen.

Pinsel und Schwämmchen

Um alle gestalterischen Möglichkeiten nutzen zu können, sollten Sie sich eine Auswahl an Pinseln in verschiedenen Stärken leisten. Am besten eignen sich hochwertige Künstler- oder spezielle Schminkpinsel. Künstlerpinsel sind sehr vielseitig – man kann mit ein und demselben Pinsel feine und dicke Linien malen. Im Schreibwarenhandel oder in Künstlerbedarfsgeschäften werden oft auch recht brauchbare Pinsel aus einer Mischung von Naturhaaren und Kunstfasern angeboten. Spezielle Make-up-Schwämmchen sind für unsere Zwecke besonders geeignet. Als Alternative können Sie auch ein Babyschwämmchen in Keile schneiden, so daß Sie eine schmale Kante und eine breite Fläche haben.

Glitter
Für einige der hier vorgestellten Masken haben wir Glitter verwendet. Zum Bemalen von Gesichtern empfiehlt sich die Verwendung von richtigem Glittergel. Versuchen Sie bitte nicht, Glitterpulver – wie es zur Dekoration von Glückwunschkarten erhältlich ist – auf die Haut zu kleben. Tragen Sie Glittergel niemals zu dicht an den Augen auf. Bei sehr kleinen Kindern sollte man es überhaupt nicht verwenden. Glittergel erhalten Sie in Theaterspezialgeschäften und in einigen Warenhäusern.

Sonstiges Zubehör
Eigentlich ist gewöhnliches Make-up für unsere Zwecke nicht das richtige, doch es kann ganz praktisch sein, wenn eine Maske für ein Foto oder ein Theaterstück wasserfest sein muß.

Die Wirkung einer Gesichtsmaske läßt sich durch farbige Haarsträhnen unterstreichen. Solche Strähnen malt man am besten mit einer alten Zahnbürste oder einem feuchten Schwämmchen aufs Haar. Farbsprays sehen zwar gut aus, sind jedoch schwierig in der Anwendung. Oft bekommt dabei die Kleidung eine Portion Farbe ab. Wenn Sie trotzdem Spray verwenden wollen, kaufen Sie bitte nur ungiftige, leicht auswaschbare Produkte.

Schließlich brauchen Sie noch einen Wasserbehälter zum Auswaschen der Pinsel und Schwämmchen, Handtücher, Kosmetiktüchlein und viele feuchte Reinigungstücher – auf einem sauberen Gesicht malt's sich besser.

Bezugsquelle
Die empfohlenen, wasserlöslichen Schminkfarben können Sie auch bei den folgenden Firmen beziehen:

Deutschland
KRYOLAN GmbH
Papierstraße 10
13409 Berlin
Tel. 0 30 – 491 12 49

Österreich
Fritz Brennig
Magdalenenstraße 22
1060 Wien 6
Tel. 01 – 587 67 25
587 71 54

Schweiz
Coidro AG
Untergasse 4
6064 Kerns
Tel. 0 41 – 66 71 50

Praktische Tips

Wichtiger Hinweis
Prüfen Sie die Haut auf Allergien und Unreinheiten. Profi-Wasserfarben sind ungiftig und ausgiebig erprobt. Trotzdem sollte man bei möglichen Hautproblemen auf das Bemalen des Gesichtes verzichten. Im Zweifelsfall Hautverträglichkeit an der Innenseite des Handgelenks testen: Wenn sich nach ein paar Stunden kein Ausschlag zeigt, können Sie mit dem Malen beginnen.

Vorbereitung
Saubere Pinsel, Schwämmchen und Farben auf einem frischen Handtuch ausbreiten. Wasser regelmäßig wechseln. Die Haut muß vor dem Bemalen nicht eingecremt werden. Wasserlösliche Schminke trägt man am besten direkt auf die gereinigte, trockene Haut auf.

Wenn Sie die nachstehenden Regeln beachten, steht Ihrem Erfolg als Maskenkünstler nichts im Wege:

1. Dem Kind als Schutz für die Kleidung ein Handtuch um die Schultern legen. Haare mit einem Stirnband oder mit Klammern aus dem Gesicht halten.

2. Während des Malens den Kopf des Kindes mit einer Hand führen.

3. Immer zuerst die Grundfarbe mit einem feuchten Schwämmchen auftragen. Das Schwämmchen darf nicht zu naß sein, sonst verläuft die Maske.

4. Um eine intensivere Tönung zu erreichen, Grundierung trocknen lassen und eine zweite Schicht auftragen.

5. Werden mehrere Farbtöne verwendet, immer mit dem hellsten beginnen.

6. Wird die Farbe mit dem Pinsel aufgetragen, gleichmäßige schwungvolle Linien malen. Nicht strichnln! Mit zunehmender Übung steigt das Selbstvertrauen.

7. Grundregel: Je schlichter ein Motiv, desto besser. Denken Sie daran, daß kleine Kinder in der Regel nicht länger als fünf Minuten stillsitzen können!

8. Manche Kinder sind aufgeregt, wenn ihr Gesicht bemalt werden soll. Zur Beruhigung sollten Sie ständig mit dem Kind reden und jeden Ihrer Arbeitsschritte genau erklären.

9. Besondere Vorsicht ist geboten, wenn in Augennähe gemalt wird. Oberen Lidrand bei geschlossenen Augen bemalen. Das Kind darf die Augen erst öffnen, wenn die Farbe getrocknet ist. Bitten Sie das Kind, nach oben zu schauen, wenn Sie entlang des unteren Lidrandes malen wollen. Farbe niemals zu dicht ans Auge gelangen lassen.

Hinweis: Wasserlösliche Schminke ist auch für Körperbemalungen hervorragend geeignet! Besonders effektvoll sind mit dem Pinsel aufgemalte Ringe, Armbanduhren und Armbänder oder großflächige Tätowierungen.

So wird's gemacht

Anhand des Tigers von Seite 26 zeigen wir hier Schritt für Schritt, wie eine Maske aufgebaut wird:

1. Auf dem ganzen Gesicht mit einem feuchten Schwämmchen gelbe Grundierung auftragen. Das Schwämmchen darf nicht zu naß sein, sonst verläuft die Maske!

2. Auf Kinn, Wangen und Stirn mit einem fast trockenen Schwämmchen orange Farbe einarbeiten. Farbe bis über den Haaransatz verteilen. Dabei immer von innen nach außen arbeiten.

3. Mit einem mittleren Pinsel (Stärke 6) weiße Farbe an den Augen und oberhalb des Mundes auftragen. Am besten gelingt dies, wenn man zuerst die Konturen aufmalt und dann die innere Fläche mit weißer Farbe ausfüllt.

4. Die Nase mit kurzen von unten nach oben gerichteten Pinselstrichen schwarz malen. Mund, Schnurrhaare und Augenkontur ebenfalls mit Schwarz aufmalen. Unter den Augen eine rote Linie ziehen. Der "Tiger" muß dabei ganz stillsitzen und nach oben schauen. Zuletzt mit einem feinem Pinsel die roten, weißen und schwarzen Striche aufmalen.

Vom Hobby zum Beruf

Schon so mancher begeisterte Maskenmaler kam auf die Idee, sein Talent einem größeren Publikum zugänglich zu machen. Und selbst wenn Sie denken, daß Ihre Begabung für eine Betätigung als Profikünstler nicht ausreicht, können Sie sicher bei Schulfesten und anderen Veranstaltungen Spendengelder für einen guten Zweck sammeln.

Kundensuche

Wenn Sie nicht gerade sehr abgelegen wohnen, werden Sie sicher schnell viele kleine Kunden finden. Setzen Sie sich mit möglichst vielen Schulen in Verbindung – bei den meisten findet im Laufe des Jahres irgendein Schulfest statt. Wann und wo andere interessante Veranstaltungen stattfinden, erfahren Sie aus dem Lokalteil Ihrer Zeitung. Am besten, Sie bieten Ihre Dienste in einem kleinen Prospekt an: Gestalten Sie ihn möglichst attraktiv, und verschicken Sie Fotokopien an alle in Frage kommenden Institutionen.

Wenn Sie in einem Ferienort leben, sollten Sie bei Hotels, Vergnügungsparks, auf Campingplätzen und in Freizeitzentren vorsprechen. Vielleicht besteht dort Interesse, eine regelmäßige "Maskenmalstunde" ins Wochenprogramm aufzunehmen.

Auch in der kalten Jahreszeit gibt es zahlreiche Möglichkeiten: auf Geburtstagsparties, in Spielwarenläden, auf Karnevalsfesten... Für einen Maskenmaler gibt es immer Arbeit!

Trommeln gehört zum Handwerk

Bei Großveranstaltungen muß man die Aufmerksamkeit der Leute auf sich lenken. Ohne Verkleidung geht's nicht! Gut geeignet ist ein Clown-Kostüm mit Hut und auffälliger Gesichtsbemalung. Vielleicht können ein paar Freunde Flugblätter für Sie austeilen. Am besten, Sie lassen sie dabei als Plakatträger über das Veranstaltungsgelände schlendern. Auch ihre Helfer sollten natürlich toll geschminkt sein.

Ihre Kunden setzen Sie am besten gut sichtbar für alle Passanten auf einen Hochstuhl oder einen Barhocker. Halten Sie ihre Gesichtsfarben und Pinsel peinlich sauber: Verschmutzte Farbtöpfchen vergraulen jeden Kunden!

Massenandrang

Maskenmaler sind immer von ganzen Scharen von Kindern umringt. Um richtig arbeiten zu können, muß man wissen, wie man mit diesem Andrang fertig wird.

Stehen Stühle zur Verfügung, so stellen Sie diese in einer Reihe auf, und lassen Sie die Kinder immer um einen Sitz weiterrutschen. Sie können auch Nummern ausgeben und diese der Reihe nach aufrufen. Mit Geschick und Glück gelingt es Ihnen sicher, auch den kleinsten Kunden bei Laune zu halten.

Workshops

Größere Kinder möchten sich oft selbst als Maskenkünstler versuchen. Laden Sie zu einen Workshop ein! Als Veranstaltungsort bieten sich Schulen oder Gemeindezentren an. Wenn Sie dort vorsprechen, nehmen Sie am besten Fotos Ihrer "Kunstwerke" und eine Übersicht über das geplante Kursprogramm mit.

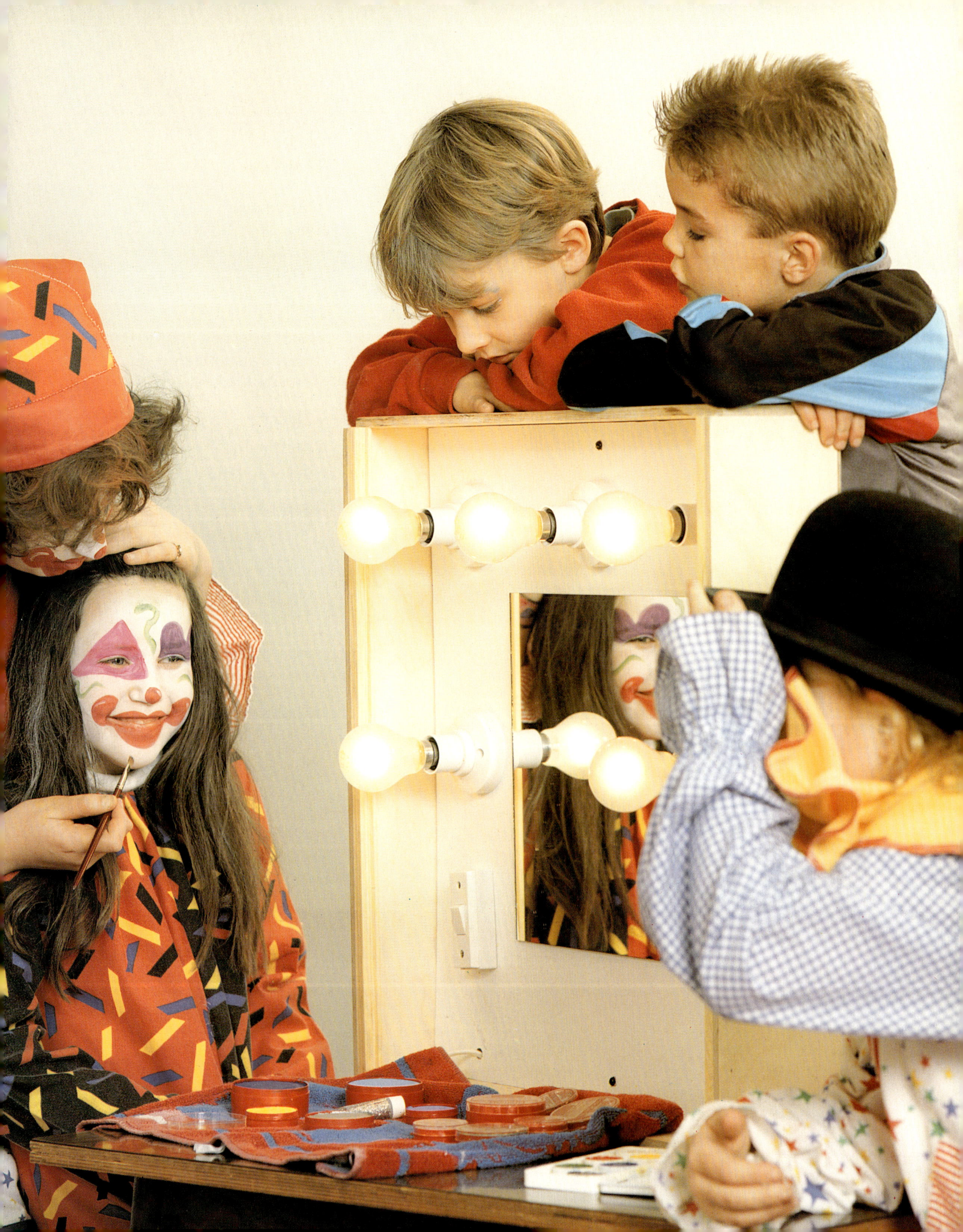

CLOWN

1. Mit feuchtem Schwämmchen weiße Grundierung auftragen.

2. Mit einem Pinsel die rosa Linie über den Augen ziehen und innere Fläche blau ausmalen.

3. Nase rot anmalen. Dabei keine Farbe unten an die Nasenlöcher gelangen lassen.

4. Roten Mund zuerst konturieren und dann ausmalen.

5. Zuletzt gelbe Kreise und grüne Tränen aufmalen.

Foto unten rechts: Diese Clownmaske entstand in derselben Technik.

Clownhut

Man braucht:
Einen alten Filzhut (vom Flohmarkt oder aus dem Second-Hand-Laden)
Bunte Filzreste
Klebstoff
Einen Pfeifenreiniger
Eine Kunststoffblume
Wollreste (dickes Garn)

1. Aus den Filzresten verschiedene Motive ausschneiden und auf den Hut kleben.

2. Für die Haare Wolle von innen gegen den Hutrand nähen oder kleben.

3. Blume an einem Ende des Pfeifenreinigers befestigen und das andere Ende hinter das Hutband stecken.

PIERROT

Pierrots Hut

Man braucht:
Dünne weiße Pappe
Klebstoff
Schwarze Pappe oder Filz

1. Weiße Pappe wie unten gezeigt zuschneiden.

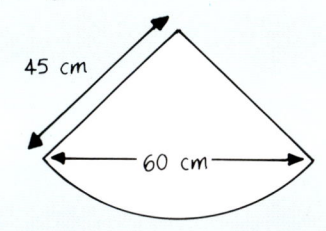

45 cm
60 cm

2. Zu einem Kegel einrollen und Kanten verkleben.

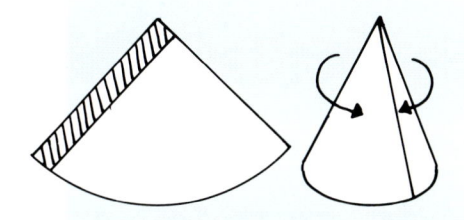

3. Aus der schwarzen Pappe oder dem Filz Kreise schneiden und auf den Hut kleben.

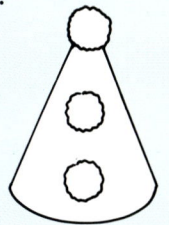

4. Auf beiden Seiten am unteren Hutrand ein kleines Loch machen, Gummiband einziehen und so fest knoten, daß es locker unterm Kinn sitzt.

1. Mit feuchtem Schwämmchen weiße Grundierung auftragen.

2. Mit fast trockenem Schwämmchen den Bereich über den Wangenknochen zart rosa schminken.

3. Mit einem Pinsel silbernen Lidschatten malen.

4. Mit einem Pinsel schwarze Brauenbögen und Dreiecke unter den Augen malen.

5. Lippen blau schminken und blaue Träne malen.

6. Zuletzt die Maske vorsichtig mit Glittergel verzieren. Dabei nicht zu dicht an die Augen kommen.

MASKERADE

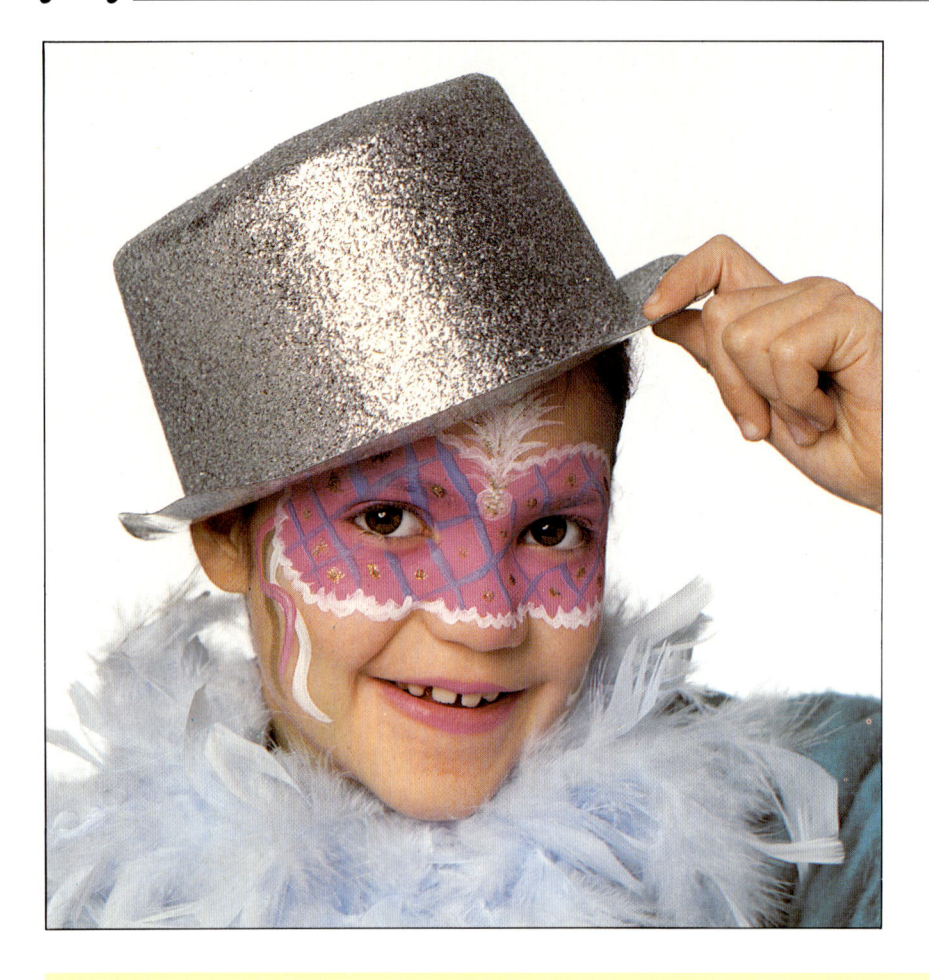

1. Mit einem Pinsel Maske zuerst mit rosa Farbe konturieren und dann ausmalen.

2. Mit einem dünnen Pinsel blaues Kreuzmuster zeichnen.

3. Mit einem dünnen Pinsel weißen Spitzenrand und Feder malen.

4. Seitliche Fransen malen.

5. Lippen rosa schminken.

6. Mit Glittergel verzieren.

Glitzerhut

Man braucht:
Dünne Pappe
Silberne Farbe
Klebstoff
Silberglitter

1. Pappstreifen schneiden (65 x 20 cm). Seitliche Kanten, wie unten gezeigt, einschneiden.

Einschnitte etwa 2 cm tief und im Abstand von je 2 cm

2. Deckel und Krempe wie unten gezeigt zuschneiden.

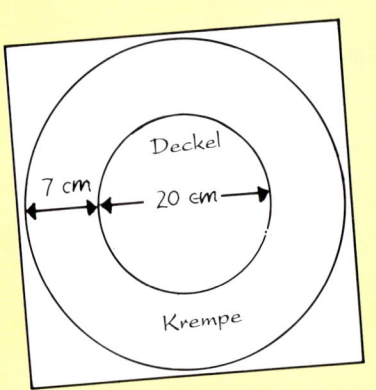

Deckel 20 cm
Krempe 7 cm

Kreis um eine Schüssel oder einen Topf herum zeichnen

3. Pappstreifen seitlich zusammenkleben, obere Laschen nach innen, untere nach außen knicken.

4. Krempe darüberschieben (inneren Rand, falls nötig, etwas größer schneiden) und an den Laschen festkleben. Deckel aufkleben.

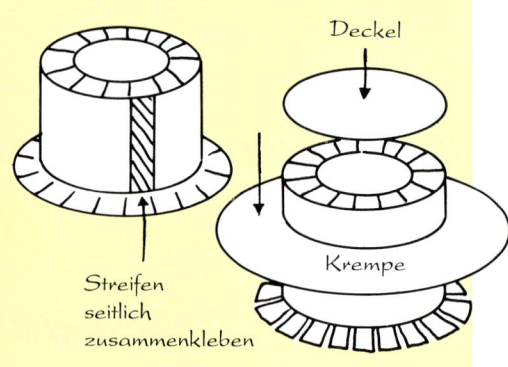

Streifen seitlich zusammenkleben

5. Hut silbern anmalen und trocknen lassen. Dünn mit Kleber bestreichen und gleichmäßig mit Glitter bestreuen.

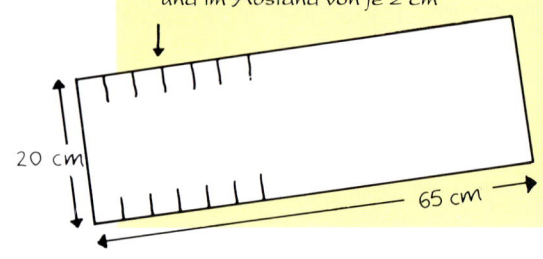

SCHNEEKÖNIGIN

1. Mit feuchtem Schwämmchen weiße Grundierung auftragen.

2. Am äußeren Gesichtsrand mit fast trockenem Schwämmchen blaue Farbe einarbeiten.

3. Mit einem Pinsel über den Augen silberne Farbe auftragen.

4. Mit einem Pinsel blaue Augenkonturen, Lippen, Augenbrauen und Wangenmotive malen.

5. Schließlich rote Linien an den Augen und auf den Wangen ziehen.

Maske für die Schneekönigin

Glitzerperücken sind schwierig zu basteln. Man kauft sie am besten fertig. Doch erst mit unserer "Maske am Stiel" ist eine Schneekönigin so richtig perfekt.

Man braucht:
Ein Stück dünne Pappe, etwa 15 x 10 cm groß
Silberne Farbe
Klebstoff
Silberglitter
Ein Stück Borte
Einen dünnen Stab, ca. 25 cm lang

1. Maske auf Pappe übertragen und ausschneiden. Löcher für die Augen einschneiden.

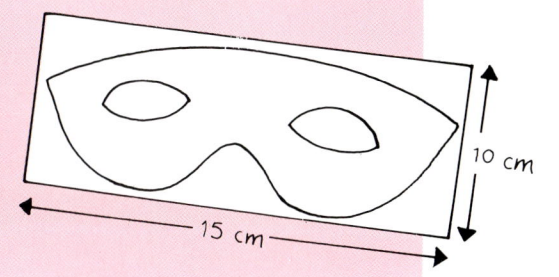

2. Maske silbern anmalen und trocknen lassen. Nun dünn mit Klebstoff bestreichen und gleichmäßig mit Glitter bestreuen.

3. Ränder mit Borte oder Tortenspitze verzieren. Stab seitlich mit Klebstoff oder Klebeband befestigen.

JNDIANER

1. Mit feuchtem Schwämmchen hellbraune Grundierung auftragen.

2. Mit dem Pinsel dunkelbraune Augenkontur ziehen.

3. Blaue und gelbe Zickzacklinie auf die Stirn malen.

4. Übriges Gesicht mit verschiedenfarbigen Ornamenten verzieren – wie hier gezeigt oder nach eigenen Ideen.

BLUMENMÄDCHEN

Schnell und einfach!
1. Mit feuchtem Schwämmchen gelbe Grundierung auftragen.

2. Mit dem Pinsel schwarze Augenkontur ziehen.

3. Lippen rot schminken.

4. Wangen mit den gezeigten Motiven verzieren.

BLUMENMÄDCHEN

Blumenschmuck fürs Haar

Unser Blumenmädchen trägt Seidenblumen im Haar. Doch auch ein selbstgebastelter Schmuck aus Papier ist sehr attraktiv.

Man braucht:
Ein Stirnband
Farbiges Kreppapier
Klebestreifen
Nadel und Faden

1. Kreppapier in lange Streifen schneiden (ca. 35 x 5 cm)

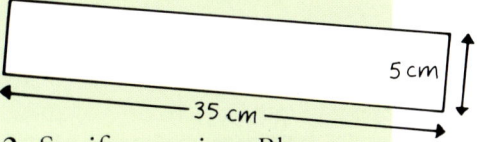

2. Streifen zu einer Blume aufrollen und mit Klebestreifen zusammenhalten.

3. Blumenbüschel an Stirnband festnähen.

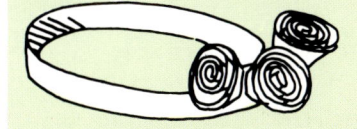

Verschiedene Blumen erhalten Sie, wenn Sie den Papierstreifen jeweils anders zuschneiden.

Bobby ausser Rand und Band

HOFNARR

BOBBY

1. Mit feuchtem Schwämmchen weiße Grundierung auftragen.

2. Mit einem Pinsel buschige grün-blaue Augenbrauen und blaue Dreiecke unter den Augen aufmalen.

3. Mit einem Pinsel Lippen und Nase rot schminken.

4. Zuletzt schwarze Brille und Bart aufmalen.

Den passenden Helm gibt's zur Karnevalszeit im Kaufhaus oder im Spielwarenladen.

HOFNARR

1. Gesicht mit einer senkrechten grünen Linie in zwei Hälften teilen. Die eine Seite mit einem feuchtem Schwämmchen grün grundieren.

2. Die andere Seite mit einem feuchten Schwämmchen gelb grundieren.

3. Lippen und Augenbereich in der grünen Gesichtshälfte mit dem Pinsel gold schminken.

4. Auf der anderen Seite grüne Schlangenlinie als Augenbraue und grüne Lippen malen.

5. Nun mit dem Pinsel schwarzen Lippenrand, Augenkontur und Augenbraue ziehen.

Narrenstab

Man braucht:
Einen Bambusstab, etwa 40 cm lang
Bunte Stofflitze
Filz
Eine Strumpfspitze
Bastelwatte
Klebstoff
Nadel und Faden

1. Bambusstab vollständig mit Stofflitze umwickeln. Enden festkleben.

2. Für den Kopf Strumpfspitze mit Bastelwatte ausstopfen. Mit Stofflitze am Stab festbinden. Enden offen lassen.

3. Drei gleich große Filzdreiecke zuschneiden und an der Rückseite des Kopfes annähen. An jedes Dreieck und an die Enden der Stofflitze je ein Glöckchen annähen.

4. Für das Gesicht: Mund, Nase und Augen aus Filz zuschneiden und aufkleben.

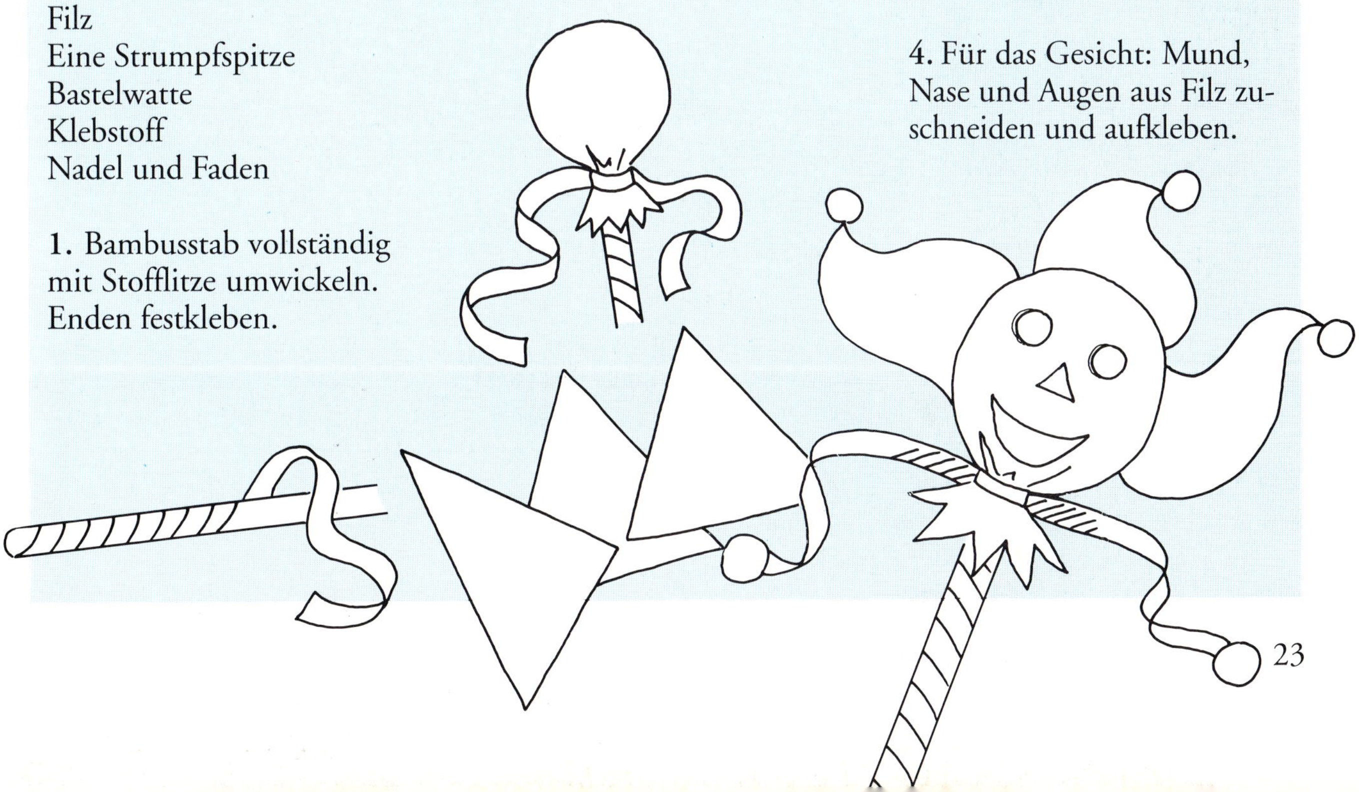

PIRAT

1. Mit einem feuchtem Schwämmchen an einem Auge etwas Rot auftragen, um ein "Veilchen" vorzutäuschen.

2. Für die Bartstoppeln mit einem Schwämmchen etwas schwarze Farbe aufs Kinn tupfen.

3. Mit einem Pinsel buschige schwarze Augenbraue, Augenklappe, Schnurrbart und Narbe aufmalen.

4. Totenkopf aufmalen (erst weiß, dann schwarz).

Piratenhut

Man braucht:
Ein Stück dünne Pappe
Weiße Farbe
Klebstoff

1. Pappe in der Mitte falten und zwei gleiche Teile ausschneiden.

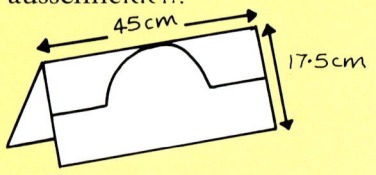

2. Kanten wie unten gezeigt verkleben.

3. Vorderseite mit weißem Totenkopfmotiv bemalen.

Piratenkostüm

Zu einem richtigen Piratenkostüm gehören:
Gestreiftes T-Shirt
Alte zerfranste Hose
Alte Herrenweste
Langer Schal, als Schärpe um die Taille gebunden
Goldener Clip-Ohrring
Halstuch
Piratenhut oder ein um den Kopf gebundenes Tuch
Halsketten
Pappdolch

STRANDMÄDCHEN

Landschaftsmalereien wie diese sind nicht schwierig auszuführen und haben eine tolle Wirkung. Kopieren Sie zur Übung erst unseren Vorschlag, bevor Sie sich an eigene Entwürfe wagen. Und denken Sie daran: Je einfacher ein Motiv, desto besser!

1. Mit einem feuchten Schwämmchen in der oberen Gesichtshälfte helles Blau für das Meer und darüber etwas dunkleres Blau für den Himmel auftragen. Den unteren Bereich gelb färben. Anschließend Grundierung sorgfältig trocknen lassen.

2. Rote Sonne auf die Stirn und den Surfer auf den Nasenflügel malen. Nun die schwarzen Vögel zeichnen.

3. Mit einem dünnen Pinsel die beiden Palmen ausführen. Für die Blätter verschiedene Grüntöne verwenden.

Löwe

1. Mit feuchtem Schwämmchen gesamtes Gesicht dünn mit goldener Farbe grundieren.

2. Am äußeren Gesichtsrand mit fast trockenem Schwämmchen gelbe oder braune Farbe einarbeiten.

3. Mit dem Pinsel Nase, Lippen und Augen dunkelbraun oder schwarz schminken.

4. Wangen, Kinn und Stirn in kurzen Strichen mit Gold, Braun und Gelb ausschmükken.

5. Haar zur Mähne aufbauschen und mit dem Schwämmchen oder einer alten Zahnbürste goldene Strähnchen ziehen.

Löwenmähne

Man braucht:
Ein Stück beiges Teddyfell, ca. 100 x 50 cm
Hellbeige Wollreste (dickes Garn)
Zwei Bänder
Nadel und Faden

1. Teddyfell doppelt legen und zwei gleiche Teile zuschneiden (siehe Schnitt).

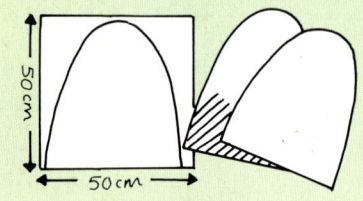

2. Teile rechts auf rechts zusammennähen. So entsteht eine Kappe.

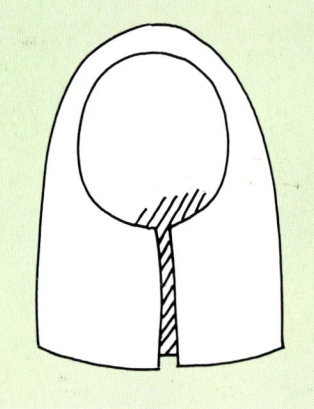

Tiger

1. Mit feuchtem Schwämmchen gesamtes Gesicht dünn mit Gelb grundieren.

2. Mit trockenerem Schwämmchen am äußeren Gesichtsrand, auf den Wangen und am Haaransatz Orange einarbeiten.

3. Mit dem Pinsel Augen- und Mundeinfassungen weiß schminken.

4. Über und unter den Augen mit kurzen Pinselstrichen schwarze Striche aufmalen.

5. Nase mit kurzen, von unten nach oben gerichteten Pinselstrichen schwarz malen.

6. Auf der Oberlippe einen schwarzen Verbindungsstrich zur Nase ziehen.

7. Mit einem dünnen Pinsel schwarze Schnurrhaare ziehen.

8. Für den "wilden Tigerblick" unter den Augen rote Linie ziehen. Das Kind muß dabei nach oben schauen.

9. Schließlich das Gesicht mit feinen roten, schwarzen und weißen Linien ausschmücken.

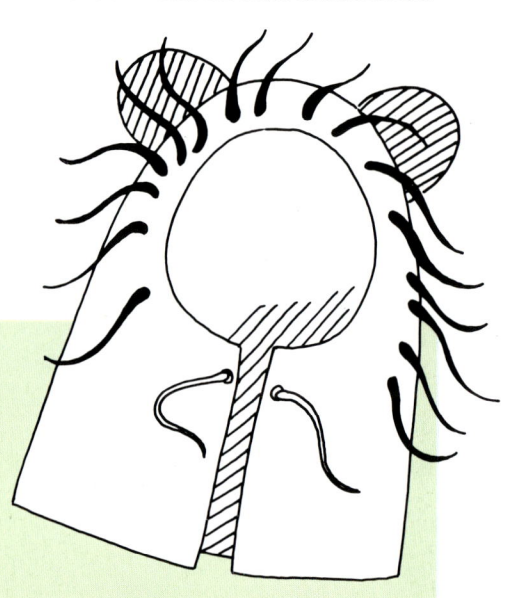

3. Kappe wenden, dem Kind aufsetzen und mit einem Stift den Gesichtsbereich markieren.

4. Kappe abnehmen und entlang der vorderen Mittellinie bis zur Markierung einschneiden. Kreis für das Gesicht ausschneiden.

5. Rechts und links des Einschnitts Bänder zum Zusammenhalten der Haube annähen.

6. Ohren aus Teddyfell zuschneiden und annähen. Für die Mähne Wollbüschel an die Haube nähen.

Für eine Tigerhaube Teddyfell mit Tigermuster verwenden und Wollbüschel weglassen.

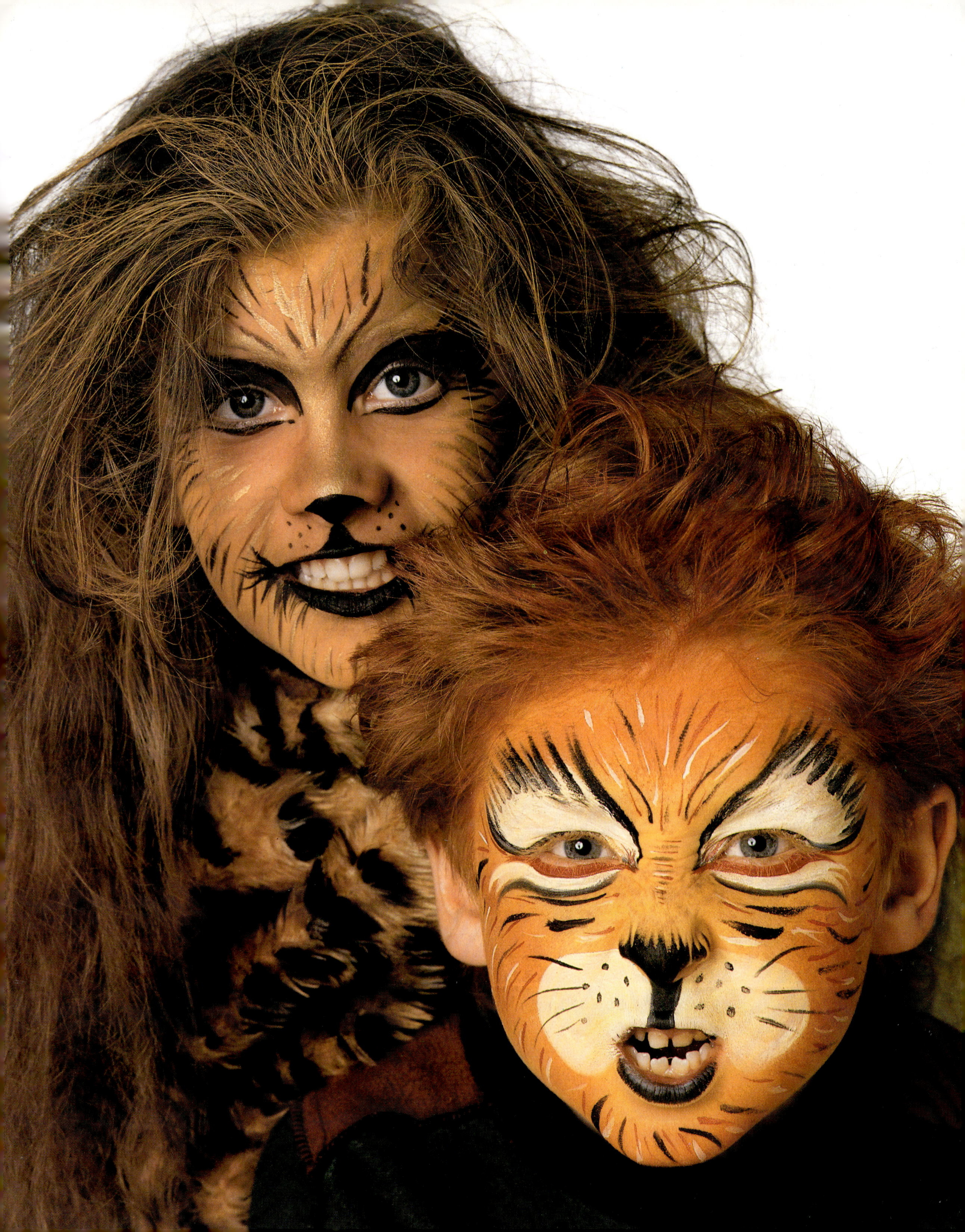

KATZEN

GRÜNE KATZE

1. Mit feuchtem Schwämmchen grüne Grundierung auftragen.

2. Mit fast trockenem Schwämmchen auf äußerem Gesichtsrand und Nasenrücken dunkleres Grün einarbeiten.

3. Mit einem dünnen Pinsel dunkelblaue Augeneinfassung, Nasenspitze, Mund und Punkte auf der Oberlippe malen.

4. Gesicht, wie auf dem Foto gezeigt, mit kleinen grünen und blauen Strichen verzieren.

ROSAROTE KATZE

1. Mit feuchtem Schwämmchen weiße Grundierung auftragen.

2. Wangen, Stirn und Kinn mit einem fast trockenem Schwämmchen zartrosa schminken.

3. Lidpartie mit etwas dunklerem Rosa bemalen.

4. Augen mit leuchtendem Pink und Lila einfassen und fransige Augenbrauen aufmalen.

5. Lippen leuchtend rosa schminken.

6. Nasenspitze schwarz anmalen und in einem kurzen Strich auf der Oberlippe auslaufen lassen.

7. Mit einem dünnen Pinsel schwarze Lippenkontur ziehen. Schnurrhaare und schwarze Punkte auf die Oberlippe malen.

8. Zum Abschluß Stirn und Wangen mit den gezeigten Motiven verzieren und je nach Geschmack etwas Glittergel auftupfen.

SCHOSSHÜNDCHEN

Schnell und einfach!

1. Mit feuchtem Schwämmchen gelbe Grundierung auftragen.

2. Mit dem Pinsel ein Auge braun einfassen und über das andere einen großen braunen Fleck malen. Über das Gesicht verteilt weitere Flecken malen.

3. Mit einem Pinsel Nase und Mund schwarz schminken und unterhalb des Mundes fransige Striche ziehen.

Mit anderen Farben und Flecken können Sie eigene Hunderassen kreieren.

MARIENKÄFER

Schnell und einfach!

1. Mit feuchtem Schwämmchen rote Grundierung auftragen.

2. Mit dem Pinsel schwarze Gesichtskontur und breite Mittellinie ziehen.

3. Mit dem Pinsel schwarze Punkte aufmalen.

Fühler

Man braucht:
Steifen Karton
Schwarzen Filz
2 Pfeifenreiniger
Ein schwarzes oder rotes Stirnband
Klebeband, Klebstoff

1. Aus dem Karton zwei Kreise mit 3 cm Durchmesser ausschneiden.

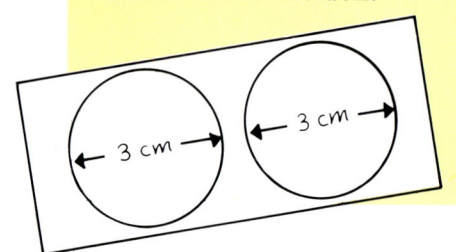

2. Filz doppelt legen, Kontur der Pappkreise aufzeichnen und zuschneiden. Man erhält 4 Kreise.

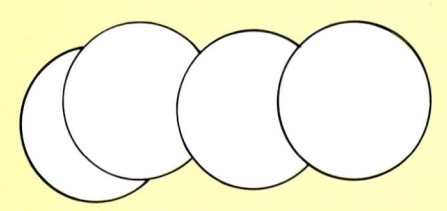

3. Pappkreise beidseitig mit Filz bekleben.

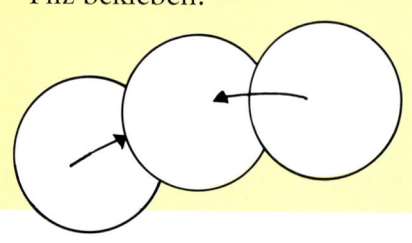

4. An jedem Kreis mit Klebeband einen Pfeifenreiniger befestigen.

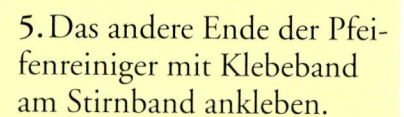

5. Das andere Ende der Pfeifenreiniger mit Klebeband am Stirnband ankleben.

6. Ganz tolle Käfer tragen ihre Fühler über einer dünnen roten Baumwollmütze: Mütze aufsetzen, Stirnband mit Fühlern darüberstreifen und Mützenrand über das Stirnband schlagen.

HASE

Hasenohren

Eine einfache Version der gezeigten Ohren kann man leicht selbermachen.

Man braucht:
Weißes Teddyfell
Ein Stück rosa Stoff
Bastelwatte
Stirnreifen
Klebstoff
Nadel und Faden

1. Stirnreifen mit Teddyfell bekleben oder Schlauch nähen und Reifen damit beziehen.

2. Aus Teddyfell und rosa Stoff jeweils zwei Ohren zuschneiden (siehe Zeichnung).

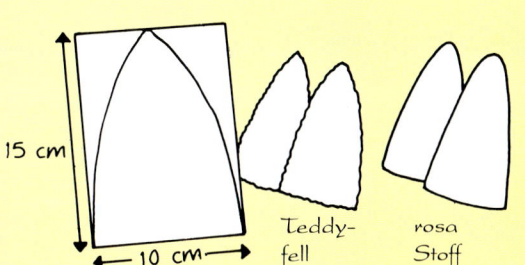

3. Stoff- und Fellohren rechts auf rechts zusammennähen. Unten offenlassen.

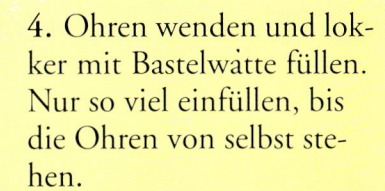

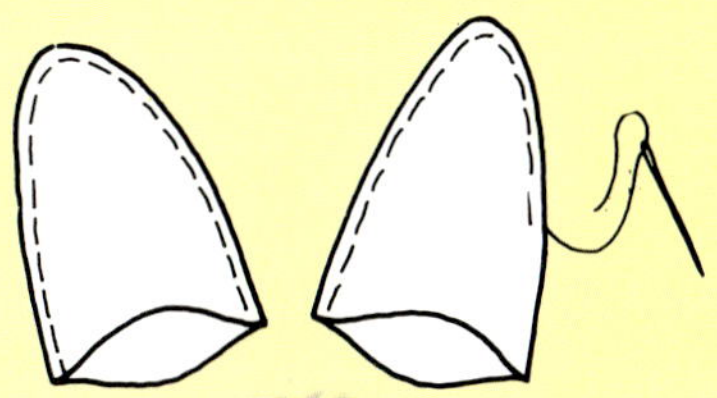

4. Ohren wenden und locker mit Bastelwatte füllen. Nur so viel einfüllen, bis die Ohren von selbst stehen.

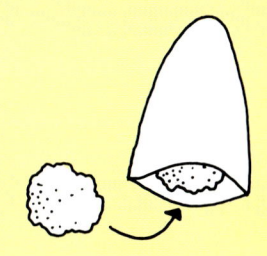

5. Ohren am Stirnreifen annähen. Dabei seitliche Kanten leicht nach hinten ziehen.

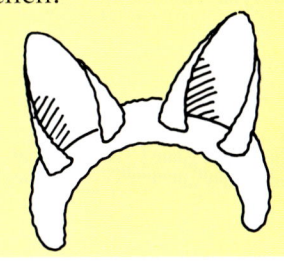

1. Mit feuchtem Schwämmchen rosa Grundierung auftragen.

2. Mit fast trockenem Schwämmchen an den Wangen etwas Rot einarbeiten.

3. Weiße Augeneinfassung und Zähne mit dem Pinsel malen.

4. Mit einem dünnen Pinsel rotes Herz auf die Nasenspitze malen.

5. Mit einem dünnen Pinsel schwarze Augenbrauen, Wimpern, Schnurrhaare und Zahnkonturen ziehen.

MAUS

1. Mit feuchtem Schwämmchen rosa Grundierung auftragen.

2. Mit einem dicken Pinsel schwarze Gesichtseinfassung konturieren und ausmalen.

3. Mit einem Pinsel Augen weiß einrahmen.

4. Mit einem dünnen Pinsel blaue Halbkreise auf die Oberlider und einen zarten Strich auf die Unterlider malen.

5. Rote Lippeneinfassung und Herz auf die Nase malen.

6. Mit einem dünnen Pinsel schwarze Kontur um Augen, Nase und Mund ziehen.

Mäusekostüm

1. Mäuseohren sind ganz einfach zu basteln: Ohren aus Pappe zuschneiden und an einen Stirnreifen kleben. Noch besser: Hasenohren von Seite 31 abwandeln – etwas runder zuschneiden und schwarzes Teddyfell verwenden.

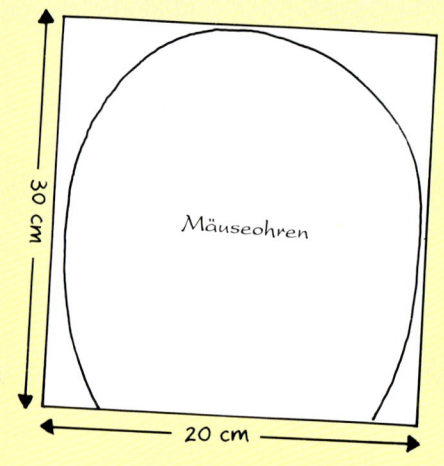

2. Mäusekostüm: Langärmeliges T-Shirt oder Gymnastikanzug mit farblich passender Strumpfhose oder Leggins.

3. Ein Stück Schnur als Schwanz hinten an der Strumpfhose oder den Leggins annähen.

Mäuseohren — 30 cm × 20 cm

Wilde Hummel

1. Mit feuchtem Schwämmchen gelbe Grundierung auftragen.

2. Mit einem Pinsel schwarze Augeneinfassung ziehen und anschließend ausmalen.

3. Nun mit einem Pinsel die Kontur der unteren Flügel ziehen. Orientieren Sie sich an der Form der Wangenknochen.

4. Mit einem dünnen Pinsel schwarze Äderchen in die Flügel malen.

5. Lippen schwarz schminken und Fühler aufmalen.

Flügel

Für das Hummelkostüm eignet sich ein gelb-schwarz-gestreiftes T-Shirt über schwarzen Strumpfhosen oder Leggins. Man kann auch mit Stoffarbe schwarze Streifen auf ein gelbes T-Shirt malen oder gelbe Stoffstreifen auf ein schwarzes T-Shirt nähen.

Für die Flügel braucht man:
Ein Stück schwarze Pappe, ca. 70 x 20 cm
Butterbrotpapier
Klebstoff
Nadel und Faden
Schwarzen Filzstift

1. Pappe in der Mitte falten und Flügel wie unten gezeigt aufzeichnen.

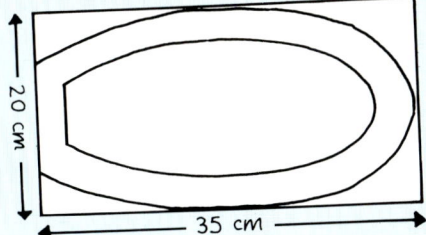

2. Flügel entlang der äußeren Linie ausschneiden und aufklappen. Mittelteil herausschneiden. Butterbrotpapier von hinten gegen die Flügel kleben (matte Seite nach vorne).

3. Überstehendes Butterbrotpapier abschneiden. Flügel wenden und mit dem Filzstift schwarze Äderchen aufmalen.

4. Flügel entlang der Mittellinie auf die Rückseite des T-Shirts nähen.

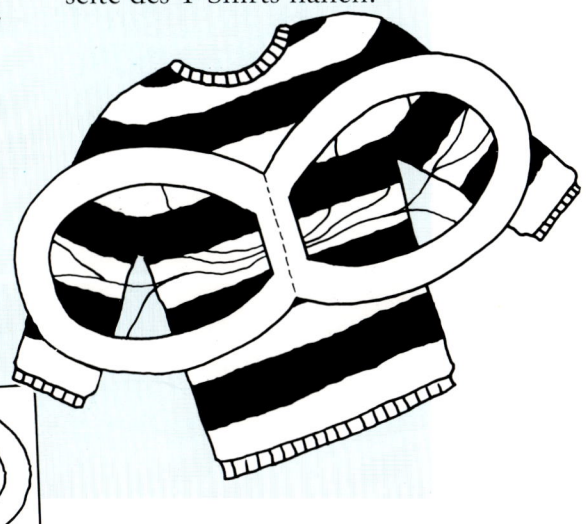

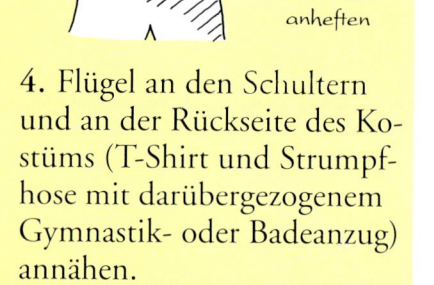

SCHMETTERLING

1. Mit feuchtem Schwämmchen weiße Grundierung auftragen.

2. Mit einem fast trockenen Schwämmchen an Stirn, Wangen und Kinn Türkis einarbeiten.

3. Mit einem Pinsel blaue Schmetterlingskontur ziehen und ausmalen.

4. Flügelenden, wie im Foto gezeigt, in Gelb und Rosa ausschmücken.

5. Lippen rosa schminken.

6. Schmetterling mit Glittergel verzieren.

Gazeflügel

Man braucht:
Ein Stück transparenten Stoff, ca. 60 x 40 cm
Bunte Filzstifte
Nadel und Faden

1. Stoff doppelt legen und den unten gezeigten Schnitt aufzeichnen.

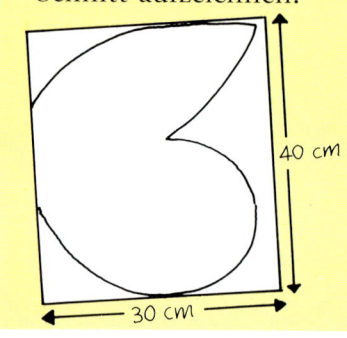

2. Flügel ausschneiden und auffalten.

3. Flügel mit Filzstift bemalen.

Flügel an den Schultern und am Rücken anheften

4. Flügel an den Schultern und an der Rückseite des Kostüms (T-Shirt und Strumpfhose mit darübergezogenem Gymnastik- oder Badeanzug) annähen.

Herzen und Regenbogen

Bei der Gesichtermalerei sind der Phantasie keine Grenzen gesetzt. In unseren Beispielen zeigen wir Herzen, Wolken, Vögel, einen Regenbogen und eine Sonne. Auch Blumen, Luftballons, Drachen, Boote und Häuser sind als Motiv geeignet.

Kinderbücher sind eine Fundgrube für Ideen. Auch themenbezogene Malereien zu Festen wie Ostern und Weihnachten sind denkbar.

1. Mit feuchtem Schwämmchen gewünschte Grundierung auftragen.

2. Mit Schwämmchen oder Pinsel die Umrisse der größeren Motive – in unserem Fall Herzen oder Regenbogen – malen.

3. Gegebenenfalls mit einem dünnen Pinsel Augeneinfassung malen.

4. Lippen mit dem Pinsel schminken.

Tip: Als zusätzlichen Blickfang passende Motive auf Hände, Arme und Fußgelenke malen.

SCHLAFMÜTZE

Nachthaube

Man braucht:
Ein quadratisches Stück Stoff (48 x 48 cm)
Gummiband
Spitze für den Rand
Nadel und Faden

1. Aus dem Stoffquadrat einen Kreis zuschneiden.

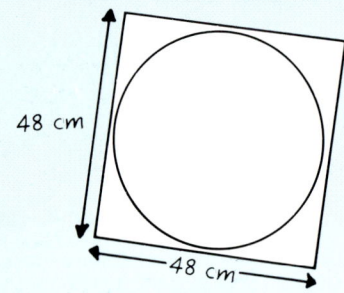

2. Spitze gegen die linke Stoffseite nähen und von rechts bügeln.

3. Gummiband entsprechend des Kopfumfangs zuschneiden – nicht zu knapp messen!

4. Gummiband etwa 7,5 cm vom Rand entfernt kreisförmig aufnähen. Vor dem Annähen mit Stecknadeln feststecken.

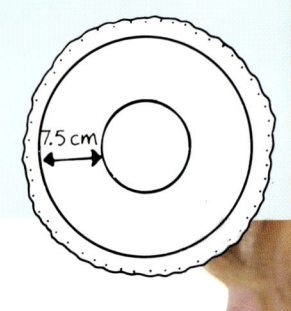

Sehr schnell!

1. Mit einem Pinsel blaue Lidschatten malen.

2. Leuchtend rote Wangenkreise und Lippen malen.

3. Mit einem dünnen Pinsel braune oder schwarze Wimpern ziehen. Die Augen müssen so lange geschlossen bleiben, bis die Farbe getrocknet ist.

4. Zuletzt braune Sommersprossen auf die Nase tupfen.

PRINZESSIN TAUSENDSCHÖN

1. Mit feuchtem Schwämmchen sparsam weiße Grundierung auftragen.

2. Wangen zartrosa schminken.

3. Mit dem Pinsel über die Augenbrauen hochgezogenen rosa Lidschatten malen und Lippen rosa schminken.

4. Mit einem dünnen Pinsel dünne schwarze Augenbrauen und Lidstrich unter den Augen malen. Dabei muß die Prinzessin nach oben schauen.

5. Zuletzt Schönheitspunkt malen und oberhalb der Augen etwas Glittergel auftragen.

Diadem

Für eine einfache Version des hier gezeigten Diadems braucht man:
Einen Streifen dünne Pappe, etwa 60 x 8 cm
Alufolie
Buntpapier
Klebstoff

1. Diadem wie unten gezeigt aus Pappe zuschneiden.

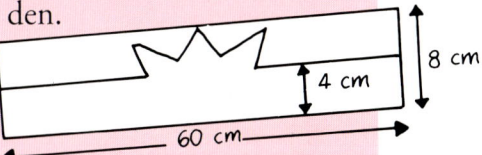

2. Eine Seite dünn mit Klebstoff einstreichen und fest auf die matte Seite der Alufolie drükken.

3. Überstehende Folie abschneiden.

4. Edelsteine aus Buntpapier zuschneiden und vorne auf das Diadem kleben.

5. Diadem entsprechend des Kopfumfangs hinten zusammenkleben oder mit dem Hefter zusammenklammern.

HAPPY BIRTHDAY

Schnell und einfach!

1. Mit feuchtem Schwämmchen weiße Grundierung auftragen.

2. Mit einem Pinsel rosa Lidschatten malen.

3. Lippen rosa und Augenbrauen rot schminken.

4. Blauen Lidstrich am unteren Lidrand ziehen.

5. Mit einem dünnen Pinsel das übrige Gesicht mit bunten Luftballons, Luftschlangen und der Aufschrift "Happy Birthday" verzieren.

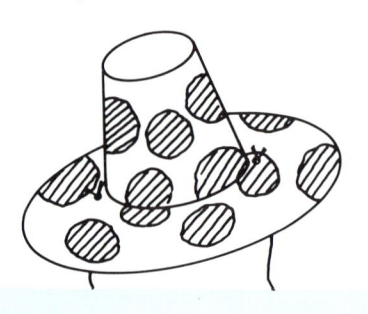

Partyhütchen

Man braucht:
Einen leeren Joghurtbecher
Weißen Karton
Klebstoff
Kräftige, bunte Farben
Gummiband

1. Mit Hilfe einer Untertasse oder einer Schüssel einen Kreis auf den Karton zeichnen – etwa so groß, daß um den Joghurtbecher herum 5 cm als Krempe stehenbleiben.

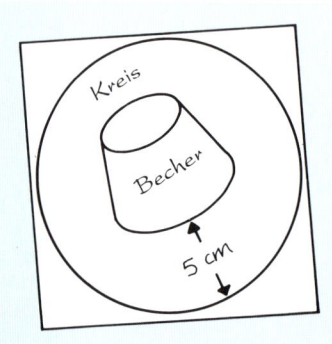

2. Kreis zuschneiden und Joghurtbecher in die Mitte kleben.

3. Hut mit bunten, kräftigen Farben dick bemalen.

4. An der Krempe auf beiden Seiten ein Loch einstechen, Gummiband hindurchziehen und so festknoten, daß es locker unter dem Kinn sitzt.

PUNK

1. Mit feuchtem Schwämmchen weiße Grundierung auftragen.

2. Mit dem Pinsel grünen und lila Lidschatten malen.

3. Oberlippe grün, Unterlippe lila schminken.

4. Mit einem dünnen Pinsel schwarzen Lidstrich unter den Augen ziehen.

5. Mit Leuchtfarben Zickzacklinien ins Gesicht malen.

6. Maske mit Glittergel verzieren und mit einer alten Zahnbürste farbige Strähnen ins Haar ziehen.

Punkkostüm

Man braucht:
Alte Kleidung (vorzugsweise schwarz)
Einen schwarzen Müllsack
Einen Gürtel
Sicherheitsnadeln

1. In die Kleidung Löcher reißen oder schneiden und einige davon mit Sicherheitsnadeln zustecken.

2. Den Müllsack wie ein Hemd zuschneiden (geschlossene Seite oben). Die Kanten können ruhig schlampig geschnitten sein!

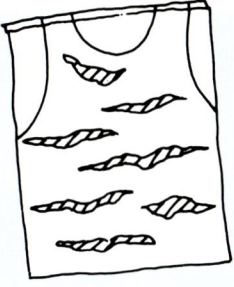

3. Zerrissene Kleidung anziehen, Müllsack darüberstreifen und in der Mitte mit einem Gürtel zusammenhalten.

4. Mit Gesichtsschminke Tätowierung auf einen Arm malen. Fingernägel mit schwarzem Nagellack bemalen und Haare mit Gel zu Spitzen formen.

Sie können auch in den Müllsack Löcher reißen oder schneiden

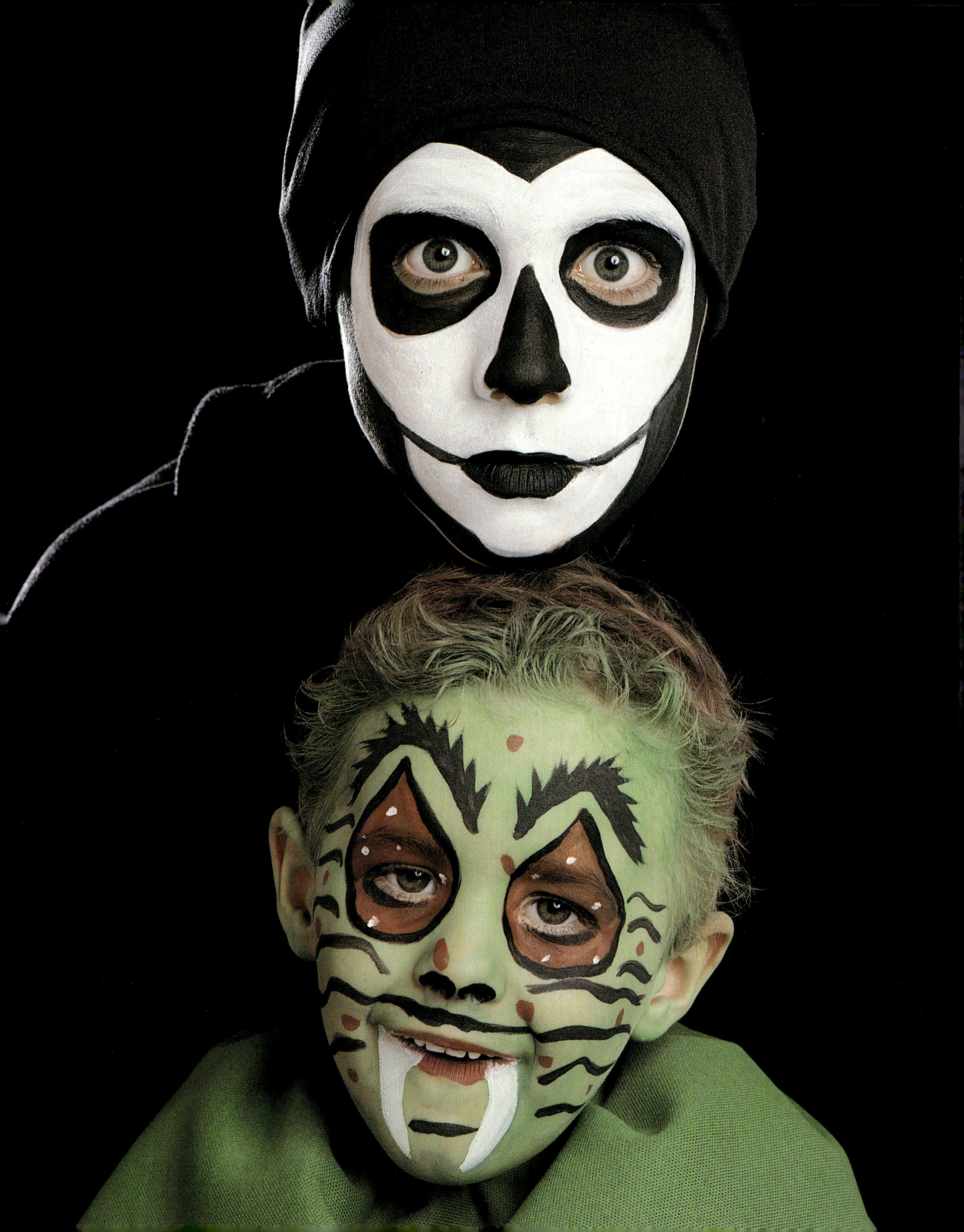

TOTENKOPF

1. Mit feuchtem Schwämmchen weiße Grundierung auftragen.

2. Schwarze Gesichtseinfassung ziehen und ausmalen.

3. Augenränder, Nase und Mund schwarz schminken.

4. Beidseitig eine dünne Linie von den Mundwinkeln zur Wange ziehen.

MONSTER

1. Mit einem feuchten Schwämmchen grüne Grundierung auftragen. Farbe in den Haaransatz einarbeiten.

2. Augenringe und Mund rot schminken.

3. Schwarze Lidstriche ziehen. Rote Augeneinfassung und Nasenlöcher schwarz konturieren. Fransige Augenbrauen aufmalen.

4. Weiße Fangzähne malen und weiße Punkte in die rote Augeneinfassung tupfen.

5. Gesicht mit schwarzen Linien und roten Punkten verzieren.

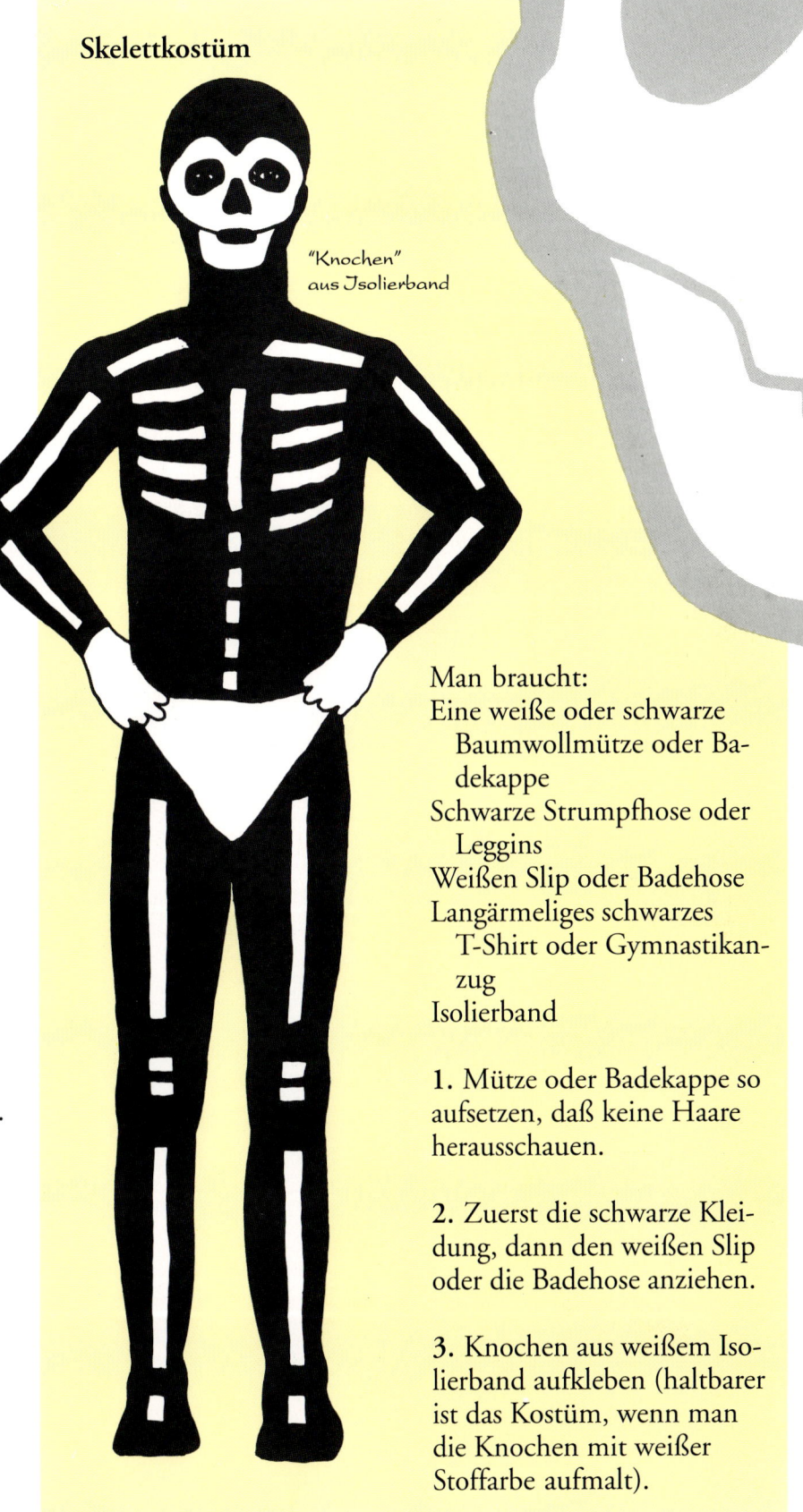

Skelettkostüm

"Knochen" aus Isolierband

Man braucht:
Eine weiße oder schwarze Baumwollmütze oder Badekappe
Schwarze Strumpfhose oder Leggins
Weißen Slip oder Badehose
Langärmeliges schwarzes T-Shirt oder Gymnastikanzug
Isolierband

1. Mütze oder Badekappe so aufsetzen, daß keine Haare herausschauen.

2. Zuerst die schwarze Kleidung, dann den weißen Slip oder die Badehose anziehen.

3. Knochen aus weißem Isolierband aufkleben (haltbarer ist das Kostüm, wenn man die Knochen mit weißer Stoffarbe aufmalt).

Dracula

1. Mit feuchtem Schwämmchen weiße Grundierung auftragen.

2. Mit fast trockenem Schwämmchen auf beiden Seiten der Stirn, unter den Wangenknochen und unterhalb der Augen Grau einarbeiten.

3. Augenlider mit dem Pinsel grau schminken.

4. Schwarze Brauen malen.

5. Mit einem dünnen Pinsel roten Lidstrich unter den Augen ziehen (Dracula muß dabei nach oben schauen).

6. Lippen rot schminken. Wenn Sie möchten, ein paar "Blutstropfen" aus den Mundwinkeln tropfen lassen.

7. Weiße Vampirzähne aufmalen.

Teufel

1. Mit dem Schwämmchen rote Grundierung auftragen.

2. Mit einem Pinsel die Augenpartie golden schminken.

3. Orange, gelbe und goldene Flammen auf Wangen und Stirn malen.

4. Spitzbart und Teufelsbrauen malen. Kurzen schwarzen Strich von den Augenwinkeln nach außen ziehen.

PFUI SPINNE

1. Mit feuchtem Schwämmchen weiße Grundierung auftragen.

2. Am äußeren Gesichtsrand mit fast trockenem Schwämmchen Blau einarbeiten.

3. Mit einem Pinsel Kontur der schwarzen Maske ziehen und anschließend ausmalen.

4. Mit einem dünnen Pinsel schwarzes Spinnennetz und Spinne malen. Lippen schwarz schminken.

5. Mit Glittergel weiße Reflexionen neben die Augen setzen und auf die Spinne zwei Augen tupfen.

Spinnwebenkostüm

Man braucht:
Transparenten grauen oder schwarzen Stoff
Textilband
Stoffkleber
Nadel und Faden
Glitter
Pailletten
Maßband

1. Bei ausgestreckten Armen Länge von Handgelenk zu Handgelenk messen.

2. Maß auf den Stoff übertragen und einen Kreis mit diesem Durchmesser zuschneiden.

3. In die Mitte des Kreises ausreichend großen Halsausschnitt machen. Halsausschnitt an einer Stelle ca. 20 cm weit einschneiden. Auf beiden Seiten des Einschnitts Textilband annähen.

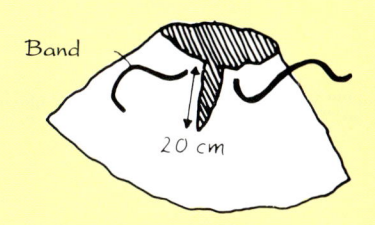

4. Kreis flach auf den Boden legen und mit Textilkleber Spinnennetz aufmalen. Mit Glitter bestreuen, bevor der Kleber getrocknet ist. Einige Pailletten aufkleben. Trocknen lassen.

HEXE

1. Mit feuchtem Schwämmchen grüne Grundierung auftragen.

2. Mit einem Pinsel Augen schwarz einfassen. Augenbrauen und Lippen schwarz schminken.

3. Schwarze Katze auf die Nase, Kessel und Spinne auf Kinn und Wange malen.

4. Weiße Sterne und Details auf der Katze malen.

5. Augenwinkel und Flammen unter dem Kessel mit Rot zeichnen.

Hexenhut

Man braucht:
Dünne schwarze Pappe oder Papier
Klebstoff
Klebeband

1. Aus Pappe einen Kreis und einen Kegel ausschneiden. Loch in der Krempe entsprechend der Kopfgröße zuschneiden.

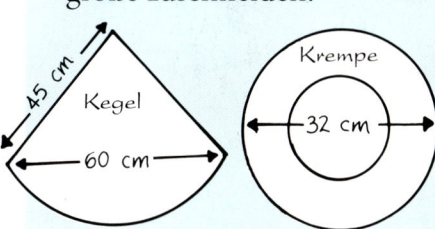

2. Unteren Rand des Kegels mehrmals 1 cm tief einschneiden.

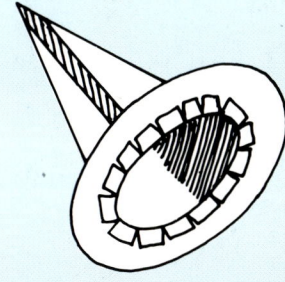

3. Kegel so einrollen, daß er in die Krempe paßt. Mit Klebeband zusammenheften und die Laschen des Kegels gegen die Unterseite der Krempe kleben. Seitliche Naht des Kegels mit Klebeband zusammenkleben.

Umhang

Umhänge für jeden Zweck kann man leicht selbermachen: grün für das Monster, mit rotem Futter für Dracula, rot für den Teufel oder schwarz mit blauem Futter für die Hexe.

Man braucht:
Eine Länge Stoff
Etwas Futterstoff
Nadel und Faden
Kordel
Sicherheitsnadel
Nahtband

1. Oberstoff und Futter wie unten gezeigt zuschneiden – gemessen wird die Hüftweite und der Abstand vom Ohrläppchen bis zum Fußgelenk. Dabei am Oberstoff rundum 3 cm für den Saum zugeben.

2. Futter links auf links auf den Oberstoff legen und Kanten säumen. Hierzu Überstand des Oberstoffes über das Futter falten.

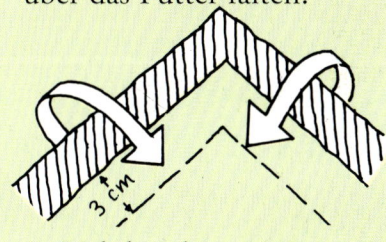

3. Nahtband ca. 10 cm vom oberen Rand beidseitig von innen gegen den Umhang nähen. Dahinter mit einer Sicherheitsnadel die Kordel einziehen.

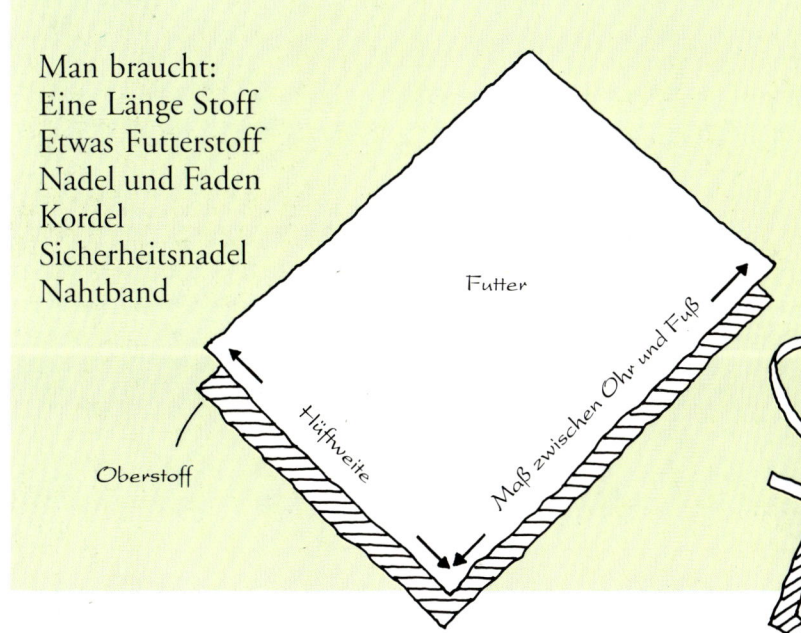